P9-AFA-785

Dragones de Komodo

Grace Hansen

ABDO
REPTILES
Kids

www.abdopublishing.com

Published by Abdo Kids, a division of ABDO, P.O. Box 398166, Minneapolis, Minnesota 55439.

Copyright © 2015 by Abdo Consulting Group, Inc. International copyrights reserved in all countries. No part of this book may be reproduced in any form without written permission from the publisher.

Printed in the United States of America, North Mankato, Minnesota.

072014

092014

THIS BOOK CONTAINS
RECYCLED MATERIALS

Spanish Translators: Maria Reyes-Wrede, Maria Puchol
Photo Credits: iStock, Shutterstock
Production Contributors: Teddy Borth, Jennie Forsberg, Grace Hansen
Design Contributors: Candice Keimig, Laura Rask, Dorothy Toth

Library of Congress Control Number: 2014938897

Cataloging-in-Publication Data

Hansen, Grace.

[Komodo dragons. Spanish]

Dragones de Komodo / Grace Hansen.

   p. cm. -- (Reptiles)

ISBN 978-1-62970-354-1 (lib. bdg.)

Includes bibliographical references and index.

1. Komodo dragons--Juvenile literature. 2. Spanish language materials—Juvenile literature.   I. Title.

597.95--dc23

2014938897

Contenido

Dragones de Komodo

Los dragones de Komodo son reptiles. Todos los reptiles tienen **escamas** y son de **sangre fría**.

El dragón de Komodo vive en unas islas pequeñas. Estas islas son parte de **Indonesia**.

Su cuerpo es robusto. Tiene

las patas cortas y fuertes.

9

Los dragones de Komodo

tienen una cola fuerte.

Tienen garras afiladas.

Alimentación

Los dragones de Komodo
comen carne. Generalmente
comen **mamíferos** pequeños.

Caza

El dragón de Komodo puede ver a su **presa** de lejos. Su lengua también lo ayuda a encontrar a su presa.

14

15

El dragon de Komodo se esconde y espera a su **presa**. Le salta encima, la muerde y le clava sus uñas.

Crías de dragón de Komodo

La hembra hace un hueco. Pone sus huevos en el hueco. Cuida los huevos hasta que se abren.

Las crías de dragón de Komodo se quedan solas. Suben a los árboles para estar a salvo.

Más datos

- La boca del dragón de Komodo está llena de bacteria venenosa. Si no puede matar a su **presa** en el primer intento, la mordida envenenará a la presa.

- El dragón de Komodo puede "saborear" el aire con su lengua. Esto lo ayuda a encontrar a su presa.

- Los dragones de Komodo pueden nadar muy bien. Nadan de una isla a otra.

Glosario

escamas – láminas que cubren el cuerpo de los reptiles.

Indonesia – país en el sureste de Asia, compuesto por 17,508 islas.

mamífero – parte de un grupo de seres vivos. Los mamíferos producen leche para alimentar a sus crías y su cuerpo está generalmente cubierto de pelo.

presa – un animal que se caza o mata para comer.

sangre fría – cuando la temperatura del cuerpo de los reptiles o peces cambia de acuerdo a la temperatura ambiental.

Índice

abdokids.com

¡Usa este código para entrar a abdokids.com y tener acceso a juegos, arte, videos y mucho más!

Código Abdo Kids:
RKK0601